Collection dirigée par Alain Bentolila

Un Monde à Lire

Kimamila

Catherine Boyer
Maître de conférence

Jean-Pierre Costet
Conseiller pédagogique

Mireille Hartmann
Professeur des écoles

Isabelle Le Guay
Orthophoniste

Nadine Robert
Conseillère pédagogique

Cahier-livre 1

Prénom _____

Nom _____

Je sais utiliser mon cahier-livre

Pages bleues : Code

 J'entends des sons.

 Je vois des lettres, des syllabes et des mots.

Pages rouges : Lecture et Écriture

 Je lis et je comprends des textes.

J'écris et j'étudie la langue.

Pages vertes :

Je découvre le monde et les arts.

NATHAN

Sommaire

Unité 1 : Moi et les autres

Unité 2 : La forêt

© Nathan – 25 avenue Pierre de Coubertin, 75013 PARIS, 2011
ISBN 978-2-09-122699-6

Faisons

Kimamila le lutin

Écoute le premier épisode de l'histoire.

Kimamila

Petitou

Alorie

Manu

connaissance

Moi et les autres

Regarde cette image. **Décris** ce que tu vois. Que font ces garçons et ces filles ?

un tableau numérique

un tableau

un ordinateur

une trousse

un cartable

une table

un cahier

Épisode 2

Kimamila

Lis les phrases.

C'est Kimamila.

C'est Kimamila.

Retiens ce petit mot.

La boîte à outils

c'est

1 **Regarde** Kimamila. **Dis** ce qui a changé sur son visage.

2 **Entoure** les mots identiques au modèle.

Kimamila	Kalimara	Kimamila	Kimodo	Kimamila	Kourima
c'est	est	c'est	et	est	c'est	été

3 **Écris :** *Kimamila.*

4 **Relie** le dessin de Kimamila au bon nombre de cases.

Petitou

Lis les phrases.

C'est Petitou.

C'est Petitou.

C'est **un** ami **de** Kimamila.

C'est un ami de Kimamila.

Retiens ces petits mots.

La boîte à outils

c'est – **un** – **de**

5 **Entoure** les mots identiques au modèle.

| Petitou | Petito | Petitou | Etitou | Petou | Petitou | Patitou |
| ami | ami | mon | c'est | ami | mes | ami |

6 **Écris** : Petitou.

7 **Relie** chaque dessin au bon nombre de cases.

Lecture – Compréhension

Unité 1

Des sons et des lettres

Trouve dans l'image des mots où tu entends a.

a a A   a A A

Kimamila

Kimamila	un ami
Manu	un papa
Alorie	

---

1 **Relie** chaque dessin au bon nombre de cases.

---

2 **Entoure** l'image quand tu entends a.

---

3 **Entoure** toutes les écritures de la lettre a.

m b a r u l A v a r I A I a

Anatole   classe   garçon   camarade   gardienne

Épisode 4

a

Observe et **lis**.

a → abricot

a → imᵃge

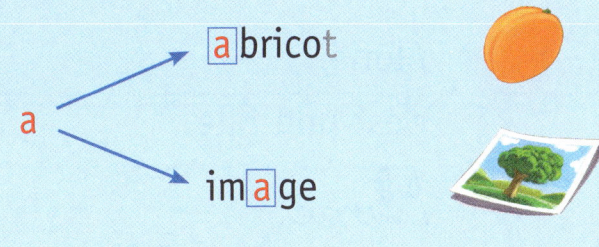

● Kimamila a un ami.

Le mécano des lettres

a   a   a   A   𝒜

---

4 **Relie** les mots qui sont identiques.

Alorie   ●   ●   un ami

Manu   ●   ●   papa
                                     Alorie
Kimamila   ●   ●
                                     Manu
papa   ●   ●
                                     Kimamila
un ami   ●   ●

---

5 **Écris** a si tu entends ⒜.

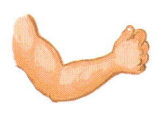      

_____   _____   _____

   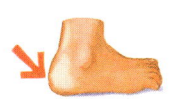   

_____   _____   _____

unité 1

Des amis

Lis les phrases.

Kimamila a **des** amis.

Kimamila a des amis.

Petitou a **des** amis.

Petitou a des amis.

Alorie,
c'est **une** fille.

*Alorie,
c'est une fille.*

Manu,
c'est **un** garçon.

*Manu,
c'est un garçon.*

Recopie sur ton cahier ces petits mots pour les retenir.

La boîte à outils

c'est – un – de – **des** – **une**

1 **Écris :**

 *Manu*

_____

 *Alorie*

_____

2 **Relie** chaque prénom au bon dessin. Attention, il y a deux pièges !

Manou   *Alice*   Manu   *Petitou*

Alorie   Petitou   *Alorie*   *Manu*

3 **Colle** les étiquettes pour faire une phrase. **Aide-toi** du dessin.

Entoure en vert la majuscule et en rouge le point.

4 **Relie** chaque phrase au bon dessin.

Alorie a un ami. •

Manu a des amis. •

5 **Relie** chaque mot au bon dessin.

Alorie   un garçon   une fille

un ami   une amie   Manu

6 **Écris** une phrase avec des mots que tu connais.

7 **Entoure** un ou une.

un      un      un
une   une   une

un      un      un
une   une   une

Des sons et des lettres

 i

Trouve dans l'image des mots où tu entends (i).

i I   i I

un ami

un ami   Kimamila

une fille   Petitou

Alorie

⚠ un stylo

---

1   **Relie** chaque dessin au bon nombre de cases.

      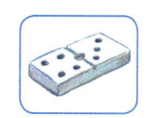       

---

2   **Entoure** l'image quand tu entends (i).

---

3   **Entoure** toutes les écritures de la lettre i.

i   m   I   b   i   r   u   l   a   r   i   A   p   I

Marine   Lucie   Rosalie   Irène   Marine   Fabrice

Observe et lis.

i →
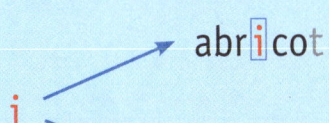 abr**i**cot

→ **i**mage

● Alorie a un ami, c'est Kimamila.

Le mécano des lettres

A i a A a I I i

---

4 **Relie** chaque mot au bon dessin. Tu connais ces mots. Ils ont tous un i.

un ami ●

Kimamila ●

une amie ●

● Petitou

● Alorie

● une fille

---

5 **Relie** les mots identiques.

fille ●   ● petite

petite ●   ● fille

Alorie ●   ● ami

ami ●   ● Alorie

---

6 Écris *i* si tu entends (i).

À quoi cela sert-il d'aller à l'école ?

Regarde ces photos. **Décris** ce que tu vois.

Que font ces écoliers ?

Les photos ont-elles été prises dans la même école ? À quoi le vois-tu ?

À l'école, dans une classe, des enfants différents sont réunis pour apprendre et pour vivre ensemble.
Ce sont tous des écoliers ou des élèves.

Quels sont les outils de l'écolier ?

1 **Entoure** les objets que tu peux utiliser pour travailler à l'école.

2 **Relie** à la trousse ce que tu dois mettre dedans pour travailler.

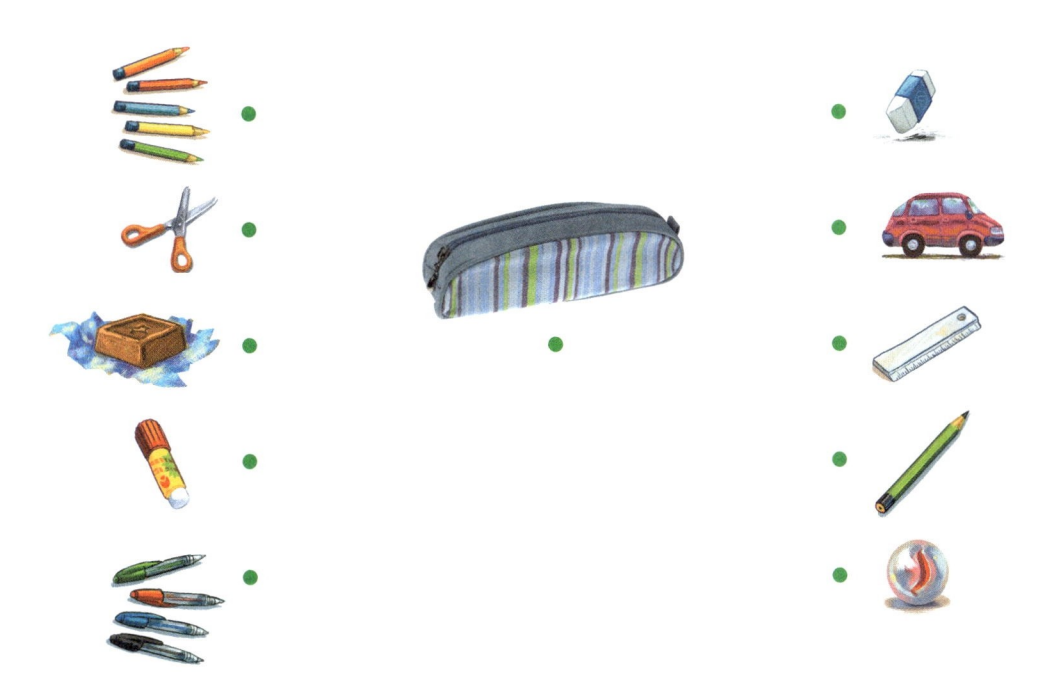

Parmi ces objets, **entoure** ceux qui s'usent vite
et qu'il faudra remplacer plusieurs fois dans l'année.

> Pour pouvoir apprendre, un écolier a besoin de matériel.
> Il ne faut pas l'oublier et il faut en prendre soin.
> Il faut donc vérifier régulièrement sa trousse à la maison.

Des sons et des lettres

Trouve dans l'image des mots où tu entends m.

une **m**ain

ma**m**an

Manu

des a**m**is

m M m M M

une main

⚠ une po**mm**e

---

1 **Relie** chaque dessin au bon nombre de cases.

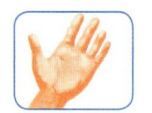   |

□ □□ | □ □□ □□□

---

2 **Coche** les cases où tu entends m.

 □□□  □□  □□□

 □□  □□□  □□□

---

3 **Entoure** toutes les écritures de la lettre m.

f   m   I   n   M   m   u   ℑ   n   f   n   r   l   M   p

marmite   **dimanche**   mercredi   Martine   mardi   Manu

m

Observe et **lis.**

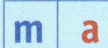

| m | a |

| m | i |

m → a → **ma**

m → i → **mi**

ma ⟶ une **ma**mie – **Ma**nu – Ki**ma**mila – **ma**man

mi ⟶ une ma**mi**e – un a**mi** – une a**mi**e – Kima**mi**la

● L'ami de Kimamila, c'est Manu.

4 **Entoure** ma dans la première ligne. **Entoure** mi dans la seconde.

(ma)lade   amitié   ampoule   cinéma   tomate   campagne

(mi)nute   image   fourmi   limace   domino   amitié

5 Écris : *ma* et *mi*.

ma · · *mi* · ·

6 Écris : *ma* ou *mi*.

   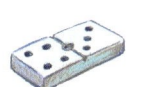   

un ___rin   *un do___no*   *une che___née*

un ciné___   *une four___*   *Ki___la*

7 **Relie** chaque mot au bon dessin.

● un mi ●

 ●   ●

● la mie ●

8 **Écris** la dictée sur ton cahier du jour.

Voici ma main

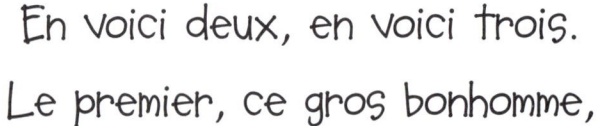

Voici ma main

Elle a cinq doigts.

En voici deux, en voici trois.

Le premier, ce gros bonhomme,

C'est le **pouce** qu'il se nomme.

L'**index**, lui, montre le chemin :

C'est le second doigt de la main.

Entre l'**index** et l'**annulaire**,

Le **majeur** se dresse comme un grand frère.

L'**annulaire** porte l'anneau,

Avec sa bague il fait le beau.

Le minuscule **auriculaire**

Suit partout comme un petit frère.

DR

Quel est le rôle du pouce ?

1 **Attache** ton *pouce* avec du ruban adhésif au reste de ta main. Ensuite, **essaie** :

– d'attraper un stylo, une perle, un livre ;
– d'écrire ;
– d'utiliser des ciseaux.

Que constates-tu ? Est-ce facile ? Pourquoi ?

2 **Observe** ces photos. Comment sont tenues la pomme et la noisette ?

Chez l'Homme, le _____ avec les autres doigts sert de **pince**.

Il permet d'attraper des petits objets avec une seule main.

Unité 1

À l'école

Lis les phrases.

Alorie est **à** l'école.

Alorie **est** une petite fille.

Manu est **à** l'école.

Manu **est** un petit garçon.

La boîte à outils

c'est – un – de – des – une – **à** – **est**

1 **Encadre** les mots identiques au modèle.

l'école   l'élan   l'image   l'école   l'élève   l'école

2 **Écris :**   *une fille*   *un garçon*

3 **Entoure** la phrase si c'est vrai.

Alorie est un garçon.

Manu est un garçon.

Alorie est une fille.

Manu est une fille.

4 **Colle** les étiquettes pour faire une phrase. **Aide-toi** du dessin.

_____

Entoure en vert la majuscule et en rouge le point.

5 **Entoure** la phrase qui correspond au dessin.

Alorie est une fille.

Manu est un petit garçon.

Alorie est une petite fille.

Kimamila est petit.

Kimamila est à l'école.

6 **Écris** une phrase avec des mots que tu connais.

_____

7 **Entoure** un ou une.

un
une

un
une

un
une

un
une

8 **Écris :** *un* ou *une.*

 _____  _____  _____

Des sons et des lettres

Trouve dans l'image des mots où tu entends **l**.

un **l**ivre   A**l**orie   I**l** a un ami.

une éco**l**e   Kimami**l**a

⚠ E**ll**e a un ami.

---

1 **Relie** chaque dessin au bon nombre de cases.

   |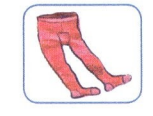

     |

2 **Coche** les cases où tu entends **l**.

3 **Entoure** toutes les écritures de la lettre **l**.

L   r   l   n   L   b   u   L   n   l   b   l

malade   joli   **Laurent**   Martine   facile   Mélodie

Des sons et des lettres

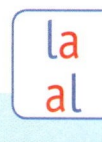 

la
al

Observe et **lis**.

| l | a |

| l | i |

l → a → **la**
l → i → **li**

| a | l |

| i | l |

a → l → **al**
i → l → **il**

- Kimamila lit.
- Il a un ami.
- Il a mal.

Le mécano des lettres

la – li – al – il
mala – ala – la – mali – ali – li
alma – ma

1 **Dessine** autant de cases que tu entends de syllabes.
Colorie les cases où tu entends *al*.

 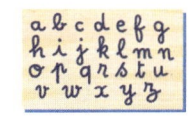  

_____ _____ _____ _____

2 **Entoure** la première lettre.

li   lu   ma   al   mu   il   al   le   il

Entoure la deuxième lettre.

al   le   al   il   li   al   la   li   il

3 **Écris :** *la* ou *al*.

un ___ bum   le ___ vabo   un ___ ma

 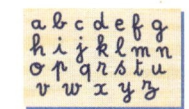 

un choco ___ t   un ___ phabet   le li ___ s

À la maison

Lis les textes.

Alorie mange à **la** maison.
Elle a un ami. C'est Kimamila.

une maison

Manu mange à **la** maison.
Il a un ami. C'est Kimamila.

Entoure en vert les majuscules
et en rouge les points.

Combien y a-t-il de phrases ? _____

La boîte à outils

c'est – un – de – des – une –
à – est – **la** – **elle** – **il**

1 Écris :  *la maison.*

_____

2 **Regarde** la phrase modèle. **Écris** le mot oublié dans chaque phrase.

Manu mange à la maison.

Manu mange la maison.   _____

Manu mange à maison.   _____

mange à la maison.   _____

Manu à la maison.   _____

Entoure l'image qui correspond à la phrase.

u

Observe et lis.

l ↘
   ↘ u → **lu**
m ↗   → **mu**

u → l → **ul**

lu → il a **lu** – il **allu**me

mu → une **mu**le

- Manu a lu un livre.
- Alorie est dans la lune.

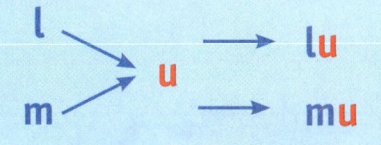

Le mécano des lettres

mu – lu – ul – umi – mi
mula – muli
allu – illu

4 Entoure mu.

musique   fumée   amusant   plume   parfum   musaraigne

Entoure lu.

lumière   chalutier   peluche   lutteur   pilule

5 Écris : mu et lu.

mu   • •   lu   • •

6 Écris : mu ou lu.

la ___ne

une ___sique

une ___ge

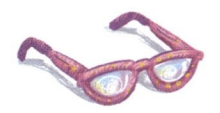

des ___nettes

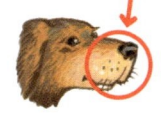

un ___seau

le ___guet

7 Écris la dictée sur ton cahier du jour.

L'histoire de Kimamila

1 **Numérote** les images dans l'ordre de l'histoire.

(6)

(1)

( )

( )

( )

( )

2 **Écris** une phrase qui explique l'image 3. **Aide-toi** des étiquettes.

| est | à | l'école | Kimamila |

3 **Colle** les étiquettes pour faire une phrase. **Aide-toi** du dessin.

Entoure en vert la majuscule et en rouge le point.

4 **Entoure** la phrase qui correspond au dessin.

Kimamila lit un livre sur le lit.

Alorie lit un livre à l'école.

Alorie lit un livre à Kimamila.

5 **Écris** une phrase avec des mots que tu connais.

6 **Entoure** le ou la.

le
la

le
la

le
la

le
la

7 **Écris** *le* ou *la*.

Promenade

L'arbre des secrets

Écoute le premier épisode de l'histoire.

Mamili

Papilou

L'arbre

Lara

Rami

Tu liras aussi l'histoire du *Petit Chaperon rouge*.

Observe et **lis.**

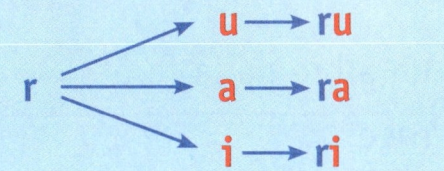

ru ⟶	une **ru**e
ra ⟶	un **ra**t – il li**ra** – il ri**ra**
ri ⟶	un ma**ri** – il **ri**ra
ar ⟶	l'**ar**t – du la**r**d – un **ar**bre
ur ⟶	un m**ur** – un m**ur**m**ur**e

Le mécano des lettres

ra – ri
ar – ir – ur
rama – ama – ma
rali – ali

• Lara lit un livre sur la forêt.

4 **Entoure** ra.

radis   parapluie   tartine   raton   virage   farine

Entoure ri.

rideau   cirage   cerise   rivière   canari   cirque

5 **Écris** ra, ri ou ru.

La _____

une ___cine

une ___vière

un ___ban

un pa___pluie

une ___che

6 **Relie** chaque mot au bon dessin.

• il rit •

• du riz •

7 **Écris** la dictée sur ton cahier du jour.

Épisode 2

La pie

Lis le texte.

Rami est **dans** un arbre de la forêt.
Il hurle. Lara arrive.
Elle parle **avec** une pie.

un arbre

une forêt

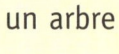

une pie

La boîte à outils

dans – avec

1 **Entoure** en vert les majuscules et en rouge les points dans le texte. **Combien** y a-t-il de phrases ?

2 **Entoure** les mots identiques au modèle.

hurle	huile	huit	hurle	houle	hurle	huit
parle	pour	papi	pirate	parle	poule	parle

3 **Regarde** l'image. **Coche** si c'est vrai.

☐ Rami parle avec une pie.

☐ Lara parle avec une pie.

☐ Lara hurle dans un arbre.

4 **Écris** les mots qui manquent : *arbre, pie.*

un _____

une _____

Villanelle

Une feuille d'or,
une feuille rousse,
un frisson de mousse
sous le vent du nord.

Quatre feuilles rousses,
quatre feuilles d'or,
le soleil s'endort
dans la brume douce.

Mille feuilles rousses
que le vent retrousse.
Mille feuilles d'or
sous mes arbres morts.

Alain Debroise
Deux sous d'oubliettes, © A. Debroise.

Des sons et des lettres

e

Trouve dans l'image des mots où tu entends e.

un repas
un chemin

le   il regarde
me   il est petit
de

un chemin

⚠ -------e

un arbre   il arrive   petite   elle regarde

---

1 **Entoure** l'image quand tu entends e.

---

2 **Coche** les cases où tu entends e.

 ☐☐    ☐☐☐    ☐☐☐

 ☐☐    ☐☐    ☐☐

---

3 **Entoure** toutes les écritures de la lettre e.

e   ℰ   E   ou   e   u   m   l   e   ℛ   r   E   t

renard   marée   *poule*   *il roule*   *il a parlé*   mère   fenêtre

e

Observe et **lis.**

m → **me**
l → **e** → **le**
r → **re**

re → il **re**mue – un **re**pas
le → **le** rat – **le** riz

⚠️ -------e

une rame   une lame   une mule   une mare   lire
une arme   une lime   une malle   il murmure   rire

● Lara a remis le livre sur le lit.

4 **Entoure** re.

renard   regarder   repas   tirelire   cerise   rechercher

Entoure me.

menu   ramener   melon   tempête   menuisier   semaine

5 **Écris** *e* quand tu entends *e*.

le m___guet   la ch___minée   une b___lette

Écris *re* ou *me*.

un ___lon   un ___nu   un ___nard

6 **Barre** tous les e que tu n'entends pas.

renard   rame   il relit   rire   lire   larme   il repart   je lis   le mur

7 **Écris** la dictée sur ton cahier du jour.

L'arbre est triste

Lis le texte.

Lara parle avec Lamiru.
L'arbre de Rami est triste.
Il a perdu **son** ami.
L'ami de **l'**arbre a une petite étoile sur la main.

une étoile

La boîte à outils

dans – avec – **son** – **l'**

Combien y a-t-il de phrases dans ce texte ? _____

1 **Entoure** les mots identiques au modèle.

triste	trou	trame	triste	truelle	triste	trime
perdu	parle	perle	perdu	permis	perdu	parti

2 **Lis** les phrases. **Entoure** le bon mot de l'histoire.

- Lara parle avec
  - Lamiru.
  - l'arbre.

- Il a perdu
  - son livre.
  - son ami.

- L'arbre de Rami est
  - petit.
  - triste.

3 **Écris** les mots.

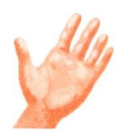

_____ _____

p

Observe et lis.

p →
- e → **pe**
- **a** → **pa**
- **i** → **pi**
- **u** → **pu**

pa → un **pa**ri – un re**pa**s – **papa**

pi → une **pi**pe – une **pi**le

pe → **pe**tit – **pe**tite

pu → un **pu**ma

pe → il ra**p**e – une pi**p**e

Le mécano des lettres

papi – api – pi
pali – ali – li
rapi – rapa

● Le petit renard parle à Papilou.

---

4 **Entoure** pa.

parole   repasser   rapide   carapace   passage   capitaine

Entoure pi.

capitaine   hippopotame   pirate   chips   chapitre   rapide

5 **Écris** pa, pi ou pu.

un ____ma   un cham ____gnon   un ____vert

un ra ____ce   un ____rachute   une ____naise

6 **Relie** chaque mot au bon dessin.

● il part ●

● une part ●

7 **Écris** la dictée sur ton cahier du jour.

Papilou et son arbre

Lis le texte.

Lara parle de l'arbre à Papilou.

Papilou arrive **près** de son arbre.

Il est ému.

Lara voit **les** larmes de son papi.

Papilou murmure à son arbre :

« **Je** suis revenu. »

Colorie les guillemets.

La boîte à outils

dans – avec – son – l' – **près** – **les** – je

1 **Entoure** les mots identiques au modèle.

ému

ami   ému   mot   émis   anis   ému   omis

revenu

retour   revenir   revenu   remettre   revient   revenu

2 **Regarde** l'image. **Coche** si c'est vrai.

☐ Lara parle de son livre à un ami.

☐ Lara voit son papi ému.

☐ Papilou murmure : « Je suis revenu. »

☐ Lara parle à l'arbre de son papi.

3 **Complète** chaque phrase avec le bon mot : *voit, arrive, murmure.*

Lara _____ près de l'arbre.

Papilou _____ son arbre.

Papilou _____ : « Je suis revenu. »

Observe et **lis**.

lou ⟶ un **lou**p – une **lou**pe
mou ⟶ une **mou**le – un a**mou**r
rou ⟶ une **rou**e – il **rou**le – il est **rou**x
pou ⟶ une **pou**le – il est **pou**rri

● Papilou parle avec un ami.
● Petitou a pris une poule.

Le mécano des lettres

pou – prou
remou – repou
amou – alou
lour – mour

---

4 **Écris** soit *ou* soit *u*.

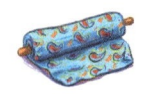

une f___mée   une s___ris   du tiss___

Écris *mou*, *pou* ou *rou*.

un ___let   de la ___tarde   une ___te

---

5 **Retrouve** les mots. **Écris**-les.

le   mou   une _____

pou   le   une _____

---

6 **Relie** chaque mot au bon dessin.

●   ●   ●   ●

●   ●   ●   ●

une moule   un moule   une roue   il est roux

---

7 **Écris** la dictée sur ton cahier du jour.

L'arbre des secrets

1 **Numérote** les images dans l'ordre de l'histoire.

2 **Repère** l'image 4 de l'histoire. **Écris** une phrase qui l'explique. **Aide-toi** des étiquettes.

Lara	avec	parle	Lamiru

n

Observe et **lis**.

na ⟶ une **na**rine – un a**n**a**na**s

nu ⟶ Ma**nu** – un me**nu**

ni ⟶ un a**ni**mal – il est pu**ni**

nou ⟶ il **nou**rrit – **nou**s

ne ⟶ la lu**n**e – un â**n**e – une pa**nn**e

Le mécano des lettres

manu – minu
rena – reni
ina – inu
nar – nir

● Le renard est un animal roux.
● L'ananas est mûr.

4 Écris *n* ou *m*.

une loco___otive   un ___oteur   un ca___ari

5 Écris *na*, *ni* ou *nu*.

une mi___te   une ba___ne   un ca___che

6 **Retrouve** les mots. **Écris**-les.

    une _____

  a un _____

7 **Relie** chaque mot au bon dessin.

● une panne ●

 ●   ●

● une nappe ●

8 **Écris** la dictée sur ton cahier du jour.

Unité 2

Le Petit Chaperon rouge

Rappelle-toi de l'histoire et **lis** le texte.   **Combien** y a-t-il de phrases ?_____

Le Petit Chaperon rouge part dans la forêt.

Elle ramasse des fleurs **sous** les arbres

pour sa grand-mère.

Le loup arrive. Il parle à la petite fille.

Le loup demande :

« **Où** vas-tu ? »

le Petit Chaperon rouge

la grand-mère

des fleurs

La boîte à outils

dans – avec – son – l' – près – les – je – **sous** – **pour** – **où**

1 **Entoure** les mots identiques au modèle.

| ramasse | rame | ramasse | rouleau | remue | ramasse | rameau |

| demande | devinette | démonte | demande | demeure | demande |

2 **Lis** les phrases. **Entoure** les bons mots de l'histoire.

- Le Petit Chaperon rouge part
  - dans la forêt.
  - à l'école.

- La petite fille ramasse
  - des livres.
  - des fleurs.

- Le loup demande :
  - « Où pars-tu ? »
  - « Où vas-tu ? »

3 **Souviens-toi** de l'histoire. **Écris** le nom de ces personnages.

_____   _____

4 **Numérote** les mots dans le bon ordre. **Écris** la phrase.

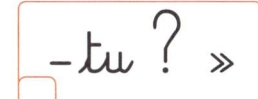 *vas*   *-tu ? »*   *« Où*

5 **Ajoute** `.` ou `?` à la fin des phrases.

Où arrive le loup ____

Le loup arrive près de la maison ____

Recopie la question.

____

6 **Entoure** un, une ou des.

un   un   un
une   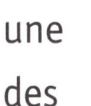   une      une
des   des   des

7 **Lis** les mots. **Dessine** ce qu'ils désignent.

une fleur   des fleurs

8 **Écris :** *un, une* ou *des.*

   ____ *pomme*      ____ *écureuil*      ____ *fleurs*

Des sons et des lettres

pr. pl.
p.r p.l

Observe et **lis**.

p ⟶ r
     a ⟶ **pra**
     i ⟶ **pri**

p
     a ⟶ r   **par**
     i ⟶ r   **pir**

p ⟶ l
     a ⟶ **pla**
     u ⟶ **plu**

p
     a ⟶ l   **pal**
     u ⟶ l   **pul**

pr.	pl.	p.r	p.l
un **pri**x	un **pla**t	il **par**t	un **pull**
une **pru**ne	une **plu**me	il **par**le	une **pi**le

- Papa parlera à Marie de son ami.
- Dans le menu, Papilou a pris de l'ananas.

1 **Entoure** l'image quand tu entends (pr).

2 **Coche** les cases où tu entends (pl).

 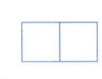    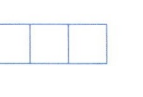 

3 **Entoure** toutes les écritures de **pr**.

pri   *pur*   pra   pour   pru   *pir*   par   *pru*

Entoure toutes les écritures de **pl**.

pal   plu   *plan*   pul   pli   pol   *pla*   pli   pil

fête

Ombre et lumière

Regarde cette image. **Décris** ce que tu vois. À ton avis, que font ces enfants ?

un feu de bengale

une couronne

une nappe de fête

un gâteau d'anniversaire

des bougies

une décoration

Des sons et des lettres

Trouve dans l'image des mots où tu entends (t).

t T   t ℰ T

une tarte

une **t**ar**t**e   pe**t**i**t**   la na**t**ure   Pe**t**i**t**ou

un ma**t**elas   pe**t**i**t**e   une minu**t**e   un **t**ou**t**ou

⚠ un pe**t**i**t** ami   ⚠ une pa**tt**e

---

1   **Entoure** l'image quand tu entends (t).

   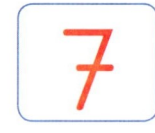   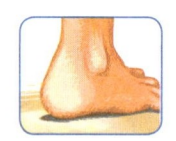       

---

2   **Coche** les cases où tu entends (t).

---

3   **Entoure** toutes les écritures de la lettre t.

t   e   f   e   t   t   *t*   T   r   l   e   f   ℰ   F   t

Petitou   fillette   **question**   extraterrestre   *étaler*

Observe et **lis.**

ta ⟶ un **ta**lus – il **ta**pe – un **ta**pis

tu ⟶ la na**tu**re – une **tu**lipe – un **tu**tu – **tu**

ti ⟶ pe**ti**t – pe**ti**te – il **ti**re

tou ⟶ **tou**te – une **tou**pie – il **tou**rne

te ⟶ une **te**nue – **te**nir – **te**

te ⟶ peti**te** – une minu**te** – une pat**te**

Le mécano des lettres

ta – ti – tu – tou
atta – atti
rata – rati – ratu

● La toupie tourne sur le tapis.

4 Écris *t* quand tu entends Ⓣ.

une gui___are   une mu___ique   un ___ambourin

5 Écris : *ta*, *tou* ou *tu*.

un pan___lon   un ___ba   une ___pie

6 **Retrouve** les mots. **Écris**-les.

   _____

  _____

7 **Relie** chaque mot au bon dessin.

   ● la tour ●

● le tour ●

8 **Écris** la dictée sur ton cahier du jour.

Épisode 2

Les préparatifs

Lis le texte.

Nina prépare son anniversaire.

Avec son papa, elle attache des ballons.

Avec **sa** maman, elle étale de la pâte à tarte dans un plat.

Elle tourne **partout** dans la maison.

Elle finit les préparatifs.

des ballons

La boîte à outils

sa – partout

1 **Entoure** les mots identiques au modèle.

attache	atterrit	attire	attache	attrape	attache	attire
étale	étoile	étale	étourdi	étale	étanche	étale

2 **Coche** les phrases qui correspondent à l'histoire.

☐ Nina prépare le repas.

☐ Nina prépare une tarte.

☐ Nina tourne dans son lit.

☐ Nina tourne dans la maison.

3 **Complète** chaque phrase avec le bon mot : *ballons, tarte.*

Nina attache les ⎯⎯⎯⎯⎯⎯⎯⎯ .

Nina prépare une ⎯⎯⎯⎯⎯⎯⎯⎯ .

4 **Numérote** les mots dans le bon ordre. **Écris** la phrase.

| prépare | Nina | anniversaire. | son |

_____

5 **Entoure** sa ou son.

sa
son

sa
son

sa
son

6 **Écris** : sa ou son.

_____   _____   _____

7 **Écris** une autre phrase avec : prépare.

_____

8 **Dis** ce que tu vois sur chaque dessin.

Nina

9 **Entoure** ce qui change dans chaque phrase.

Nina lit.   Nina parle.   Nina mange.

Quelles informations apportent les mots en rouge ? Comment appelle-t-on ces mots ?

10 **Entoure** le mot qui indique ce que fait Nina dans chaque phrase. Puis **dessine** ce qu'elle fait.

Nina attache des ballons.   Nina ramasse des ballons.

Qu'est-ce qu'une journée ?

1 **Cite** les différentes activités de ta journée. À quel moment les fais-tu ?

2 **Observe** ces deux photos. Quelles sont les différences ?

3 **Relie** les images aux différents moments de la journée.

Colorie les 𝒿ournées en jaune et les nuits en bleu foncé sur la frise.

Une journée est découpée en différents moments :
matin, **midi**, **après-midi** et **soir**.

L'alternance des _____ et des _____ rythme
notre vie.

Pourquoi fait-il jour ? Pourquoi fait-il nuit ?

Comment expliques-tu qu'il fasse nuit ?
Pourquoi la nuit et le jour se succèdent-ils
quotidiennement ?

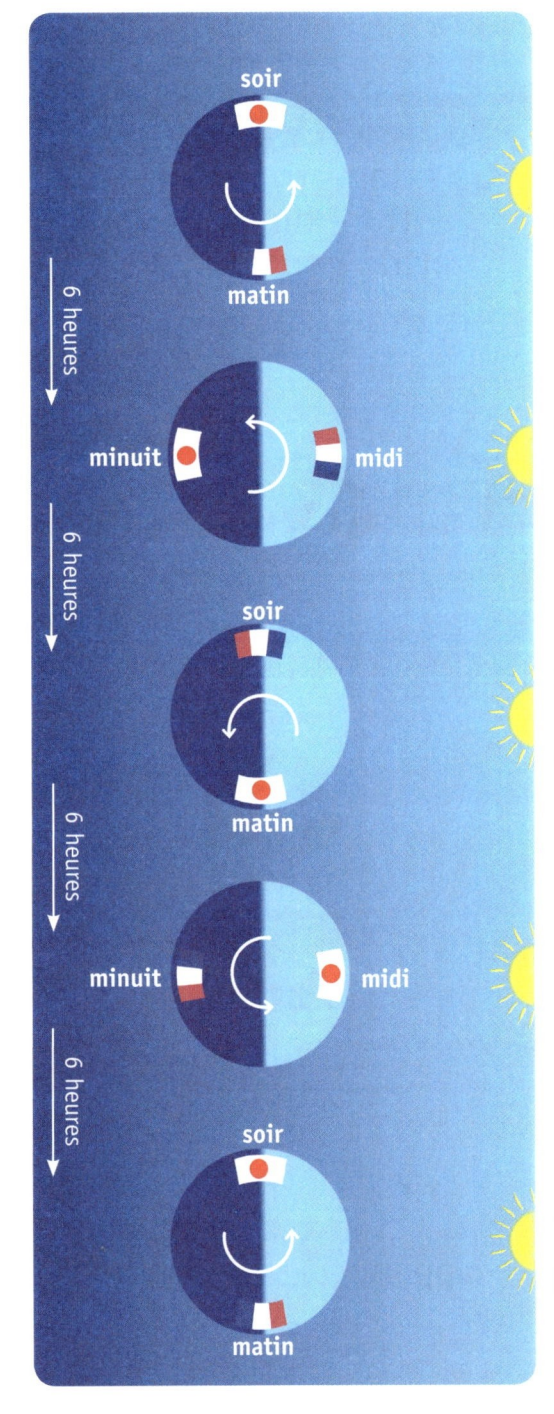

Les Français 🇫🇷 se lèvent.
Les Japonais 🇯🇵 se couchent.

Les Français déjeunent.
Les Japonais dorment.

Les Français se couchent.

Les Japonais _____ .

Les Français dorment.

Les Japonais _____ .

Les Français _____ .

Les Japonais _____ .

La Terre fait un tour sur elle-même en _____ heures.

Un _____ commence à 0 h et se termine à minuit.

Il y a toujours une partie de la Terre qui n'est pas éclairée,

il y fait _____ .

Des sons et des lettres

tr.
t.r

Observe et **lis**.

tr.	**t.r**	
un **tri**	une **tar**te	• Nina attrape de la pâte à tarte.
une **trou**pe	une **tar**tine	
une **tra**ppe	par**tir**	
il at**tra**pe	il **tour**ne	

Le mécano des lettres

tra – tar – tri – tir
tru – tur
attra – rattra

1 **Entoure** l'image quand tu entends **tr**.

2 **Coche** les cases où tu entends **tr**.

3 **Entoure** toutes les écritures de **tr**.

tri   tur   tar   trou   *tur*   tir   tra   *tru*

quatre   très   *un trou*   apporter   un titre

4 **Relie** chaque mot au bon dessin.

   • un trou •

• une tour •

5 **Écris** la dictée sur ton cahier du jour.

Qu'est-ce qui fonctionne avec de l'électricité ?

1 **Cite** des objets qui permettent de s'éclairer. Grâce à quoi fonctionnent-ils ?

2 **Observe** ces objets qui fonctionnent avec de l'*électricité*.

Écris dans les ronds : S (secteur) si ces objets utilisent une prise électrique ;

P (pile) s'ils fonctionnent avec des *piles*.

Pour s'éclairer, il faut une source lumineuse qui peut être :
– le feu ;
– l'énergie électrique.

L'énergie électrique est fournie par le secteur ou par des _____ .

Aujourd'hui, dans la maison, de nombreux appareils fonctionnent

grâce à l'_____ .

Des sons et des lettres

 é

Trouve dans l'image des mots où tu entends é.

un téléphone

un t**é**léphone	il r**é**pare
R**é**mi	il pr**é**pare

1 **Entoure** l'image quand tu entends é.

2 **Coche** les cases où tu entends é.

3 **Entoure** toutes les écritures de é.

é   e   é   è   è   é   é   e   é   è   é   e   é   è

élève   frère   Émilie   après   été   téléphone

Observe et **lis**.

lé ⟶ il a éta**lé** – il a par**lé**

mé ⟶ il a allu**mé** – il a ra**mé**

né ⟶ une mati**né**e – il a tour**né**

pé ⟶ un **pé**tale – il a ta**pé** – il a attra**pé**

ré ⟶ **Ré**mi – il a ti**ré**

té ⟶ un é**té** – il a ra**té**

Le mécano des lettres

té – mé – lé – ré
tré – pré
réti – réta

● Mélanie a préparé une tarte pour des amis.

● Elle a étalé la pâte.

4 **Écris** é quand tu entends é.

une ___cole   une p___che   le march___

5 **Écris** : pé, ré ou lé.

un ___veil   un ___tale   un ___opard

6 **Retrouve** les mots. **Écris**-les.

   é _____

 lé é _____

7 **Relie** chaque mot au bon dessin.

● une épée ●

● l'été ●

8 **Écris** la dictée sur ton cahier du jour.

L'arrivée de Louis

Lis le texte.

Louis arrive à son tour, il est **en** retard.

– Nina, **comment** trouves-**tu mon** costume ?

– Je préfère le premier.

– Que dis-tu ?

Louis est étonné.

Nina **ne** répond **pas**. Elle est repartie

près de **ses** amis.

Souligne en bleu ce que dit Louis et en rouge ce que dit Nina.

un costume

La boîte à outils

sa – partout – **en** – **comment** – **tu** – **mon** – **ne ... pas** – **ses**

1 **Entoure** les mots identiques au modèle.

mon	mon	moi	mot	mon	mou	ému	mon	moi	mer

ses	ses	son	ses	sel	sou	son	ses	sur	son

2 Qui parle ? **Relie** chaque phrase au bon personnage.

Comment trouves-tu mon costume ?

Que dis-tu ?

Je préfère le premier.

3 **Complète** chaque question avec le bon mot : *Comment, Que.*

_____ dis-tu ?

_____ trouves-tu mon costume ?

4 **Numérote** les mots dans le bon ordre. **Écris** la phrase.

répond	ne	son	Nina	ami.	à	pas

_____

5 **Lis** les phrases. **Entoure** ce qui a été ajouté.

Nina répond à son ami. ⟶ Nina ne répond pas à son ami.

Nina trouve son costume. ⟶ Nina ne trouve pas son costume.

Louis arrive en retard. ⟶ Louis n'arrive pas en retard.

6 **Écris** une phrase avec : *ne ... pas*.

Louis prépare son costume.

Non, _____ .

7 Que fait Nina ? **Relie** chaque dessin à la bonne phrase. **Entoure** le mot qui indique ce que fait Nina.

● Nina ramasse un livre.

● Nina lit un livre.

● Nina trouve un livre.

8 **Entoure** le mot qui indique ce que fait Louis dans chaque phrase.
Puis **dessine** ce qu'il fait.

Louis mange une tarte.   Louis prépare une tarte.

Comment fonctionne une lampe de poche ?

Observe et **décris** ces photos.
Relie chaque mot à la partie qui correspond.

Ampoule •

Réflecteur •

• Bouton interrupteur

Qu'est-ce qui différencie ces deux photos ? Quel est le rôle de l'interrupteur ?

La lampe est éteinte.

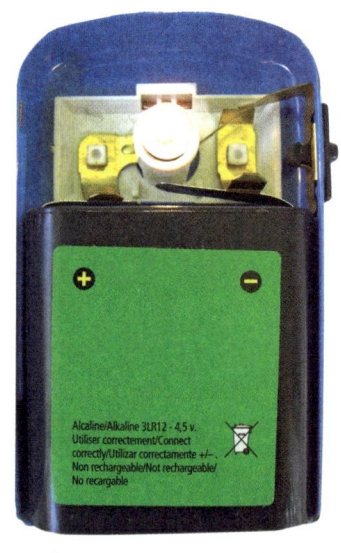

La lampe est allumée.

La lampe de poche est composée d'un **circuit électrique** :

une _____ et une _____ reliées par

des **fils électriques** (ou des lames métalliques) et un **interrupteur**.

L'interrupteur permet d'ouvrir ou de fermer le circuit.

Si le circuit est fermé, la lampe est _____.

Quels sont les dangers liés à l'électricité ?

1 **Barre** ce qui est dangereux dans chaque dessin.

Risque de court-circuit

Risque d'électrocution

Incendie

Évanouissement, brûlures, risque de mort

1	2	3
4	5	6
7	8	9
✳	0	#

Des numéros de secours à savoir par cœur :

15 : SAMU

18 : pompiers

112 : centre de secours

1	2	3
4	5	6
7	8	9
✳	0	#

2 **Colorie** les touches du téléphone pour appeler les bons secours.

Attention ! Il ne faut pas :
– mettre les doigts ou un objet dans une prise ;
– manipuler un objet électrique les mains mouillées ou près de l'eau.

Unité 3

Épisode 4

Des sons et des lettres

é

Observe les différences.

é É é É É

un téléphone

er er

du papier

ez ez

un nez

un téléphone
du papier
un nez

⚠ les des mes tes ses
⚠ Nina et Louis

1 **Entoure** é, er et ez.

chez   cuisiner   manger   déménager   achetez   nez   goûtez

couler   épluchez   départ   épi   supermarché   repasser

2 **Recompose** les mots. **Écris**-les.

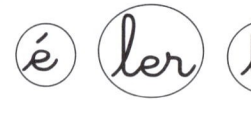 _____

 _____

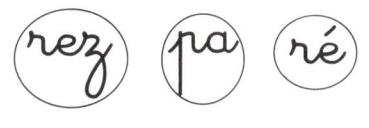 _____

3 **Relie** chaque mot au bon dessin.

   •

• vous marchez •

• un marché •

Observe et **lis**.

é	...er	...ez
il a r**é**p**é**t**é**	répét**er**	vous répét**ez**
il a r**é**par**é**	répar**er**	vous répar**ez**
il a **é**tal**é**	étal**er**	vous étal**ez**
il a parl**é**	parl**er**	vous parl**ez**

- Vous étalez la pâte dans le moule.
- Amélie a attrapé le nez de Rémi.

4 **Écris** les mots suivants dans la bonne colonne.

un été – vous parlez – le papier – il a étalé

attraper – le nez – vous roulez – préparer

é	er	ez

5 **Observe** et **continue** : il a parlé ⟶ vous parlez

il a étalé ⟶ vous _____

il a attrapé ⟶ vous _____

il a tourné ⟶ _____

6 **Écris** la dictée sur ton cahier du jour.

Un nouvel ami

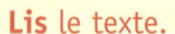

Lis le texte.

Nina a trouvé un nouvel ami dans un placard.

– Comment **t'**appelles-tu ? demande Nina.

– Je m'appelle Élimar **et j'**arrive de la planète Ripatou.

Nina est étonnée.

– Tu ne dois pas manger mon livre.

– Je **suis** affamé, avez-**vous** de la nourriture ?

La boîte à outils

sa – partout – en – comment – tu – mon –
ne ... pas – **t'** – **et** – **j'** – **suis** – **vous**

une planète

un placard

1 **Entoure** les mots identiques au modèle.

planète   plante   planète   plafond   planeur   planète   plaine   dessin

placard   plaque   plume   placard   plâtre   planète   placard   dessin

2 **Entoure** les mots qui correspondent à l'histoire.

• Nina a trouvé
  de la nourriture.
  un nouvel ami.

• Élimar arrive
  de l'école.
  de la planète Ripatou.

• Tu ne dois pas manger
  ma tarte.
  mon livre.

3 **Complète** les phrases avec les mots : planète, placard, nourriture.

Nina trouve Élimar dans un _____ .

Élimar arrive de la _____ Ripatou.

Élimar demande de la _____ .

4 **Numérote** les mots dans le bon ordre. **Écris** la phrase.

| s'appelle | Comment | planète | la | d'Élimar ? |

5 **Entoure** les points à la fin des phrases. **Repère** les points d'interrogation.

Élimar mange un livre.

Comment trouves-tu le costume d'Élimar ?

Où est Élimar ?

Élimar arrive de sa planète.

6 **Recopie** les phrases qui sont des questions.

7 Qui est Je ? **Relie** le mot au bon personnage.

Je suis affamé.

Je prépare mon anniversaire.

J' arrive en retard.

8 Qui est tu ? **Relie** le mot au bon personnage.

Tu ne dois pas manger mon livre.

Comment trouves-tu mon costume ?

9 **Complète** avec je ou tu. N'oublie pas la majuscule.

_____ suis de la planète Ripatou.

Comment t'appelles-_____ ?

L'art de représenter la lumière

Observe ces peintures. Sur chacune d'elles, sais-tu d'où vient la lumière ?

Terrasse de café sur la place du forum,
Vincent Van Gogh, 1888.

Saint Joseph charpentier, Georges de La Tour,
vers 1640.

Le Dîner, effet de lampe, Félix Valloton, 1899.

> Beaucoup de peintres insistent sur les effets d'ombre et de lumière dans leurs tableaux pour faire ressortir certains éléments.

Le chat et le soleil

Le chat ouvrit les yeux,
Le soleil y entra.
Le chat ferma les yeux,
Le soleil y resta.

Voilà pourquoi, le soir
Quand le chat se réveille,
J'aperçois dans le noir
Deux morceaux de soleil.

Maurice Carême,
© Fondation Maurice Carême.

Dehors Dedans

Quand je ferme les yeux je vois des points brillants
un pan de ciel en moi et ses milliers d'étoiles
Si je rouvre les yeux par une nuit très claire
je fais partie du ciel qui fait partie de moi

Claude Roy,
« Dehors Dedans », *À la lisière du temps*,
© éd. Gallimard.

Des sons et des lettres

Trouve dans l'image des mots où tu entends ⓢ.

s S · s 𝒮 S

un sapin

.ss. · .ss.

une tasse

une salade
de la soupe
un sapin
une tasse

⚠ les amis   il est   dans   tu as

---

1 **Entoure** l'image quand tu entends ⓢ.

---

2 **Coche** les cases où tu entends ⓢ.

---

3 **Entoure** toutes les écritures de la lettre s.

s   r   a   **s**   v   S   n   s   u   o   𝒮   a   I   s   m   c

aussi   casser   Samia   **pousse**   poursuite

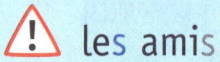

S

Observe et **lis**.

s			.ss.	
une **s**oupe	une **s**ouris	un ti**ss**u	pa**ss**er	il pa**ss**e
se **s**alir	il **s**alue	une ta**ss**e	tou**ss**er	il tou**ss**e
supprimer	il **s**upprime	une trou**ss**e	pou**ss**er	il pou**ss**e
un a**s**	un our**s**	la mou**ss**e	rama**ss**er	il rama**ss**e
un arti**s**te	une pi**s**te			

- Une petite souris passe sous le sapin.
- Léa ramasse son ours sous son lit.

Le mécano des lettres

sa – sar – ar
sou – sour – our
assa – assou – assu
asti – masti

4 **Recompose** les mots. **Écris**-les.

ra ma sser

ssu rer ra

_____

_____

5 **Classe** ces mots dans la bonne colonne.

puis – un tissu – une souris – les tartes – un ours

J'entends Ⓢ.

Je n'entends pas Ⓢ.

6 **Relie** chaque mot au bon dessin.

une salle   il est sale   une pousse   il pousse

7 **Écris** la dictée sur ton cahier du jour.

Unité 3

L'anniversaire de Nina

1 **Numérote** les images dans l'ordre de l'histoire.

○

○

○

○

○

○

2 **Repère** l'image 4 de l'histoire. **Écris** une phrase qui l'explique. **Aide-toi** des étiquettes.

| Louis | son | tour | Nina | arrive | à |

é

Observe et **lis**.

va ⟶ une **va**riété – a**va**ler

vu ⟶ une re**vu**e – il a **vu**

vi ⟶ la **vi**e – une **vi**lle – é**vi**ter

vou ⟶ **vou**s – il a **vou**lu

ve ⟶ **ve**nir – une a**ve**nue – il arri**ve**

vé ⟶ la **vé**rité – un pa**vé** – il a la**vé**

- Nina ouvre à ses amis.
- Rémi a vu Élimar.

---

4 **Écris** va ou vi.

une ____lise   un ____sage   une cara____ne

---

5 **Recompose** les mots et **écris**-les.

nir ve   té vé ri   va ler a

_____   _____   _____

---

6 **Relie** chaque mot au bon dessin.

une avenue   une ville   une vitre   une vis

---

7 **Écris** la dictée sur ton cahier du jour.

Le Vilain Petit Canard

Lis le texte.

Maman cane regarde son petit.

Elle est étonnée : il est énorme !

– Venez **tous** à la mare, dit-elle.

Maman cane arrive avec ses petits

près de ses amis.

– **Ils sont** beaux, tes petits.

Mais pas lui, disent ses amis.

Le vilain petit canard est triste.

Il a envie de partir.

un canard

le vilain
petit canard

La boîte à outils

sa – partout – en – comment – tu – mon – ne ... pas –
ses – t' – et – j' – suis – vous – **tous** – **ils** – **sont** – **mais**

1 **Relie** les mots au bon dessin. **Recopie**-les.

 •

un canard   le vilain petit canard

•

2 **Coche** les phrases qui correspondent à l'histoire.

☐ Maman cane regarde son nouveau petit.

☐ Maman dit : il est beau.

☐ Maman cane arrive avec ses petits.

☐ Maman cane a envie de partir.

3 **Complète** les phrases avec les mots : *cane, mare, petit.*

La maman cane regarde son _____ .

La maman _____ est étonnée.

La maman cane va à la _____ avec ses petits.

4 **Numérote** les mots dans le bon ordre. **Écris** la phrase.

Maman	petit.	son	cane	regarde	nouveau

---

5 **Entoure** sa, son ou ses.

sa
son
ses

sa
son
ses

sa
son
ses

6 **Écris** : sa, son ou ses.

7 **Écris** une autre phrase avec : regarde.

---

8 **Regarde** les dessins : que fait le personnage ? **Lis** les phrases : que manque-t-il ?
Complète les phrases avec les verbes : évite, pousse, ramasse, arrive.

La cane ——————
ses petits.

Louis ——————
à l'école.

Nina ——————
un livre.

Élimar ——————
le ballon.

Qui voit quoi ?

1 **Explique** comment le petit canard peut voir le cygne et le poisson.

2 **Relie** chaque personnage à la façon dont il voit le petit canard.

Écris comment il le voit : *de dessus, de dessous, de côté.*

On ne peut pas voir un objet, un animal ou une personne
sous tous les angles en même temps.
Il faut changer d'endroit pour voir les différentes parties d'un objet,
d'un animal ou d'une personne.

1 Relie chaque verbe au bon dessin.

• laver • relaver • visser • revisser

  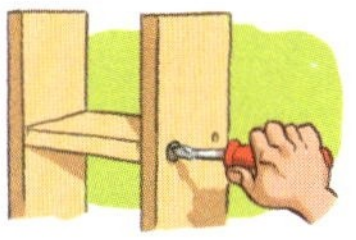

2 Entoure la partie ajoutée devant chaque verbe.

parler → reparler lire → relire

tourner → retourner partir → repartir

3 Écris une phrase avec chaque verbe : *trouve, retrouve.*

4 Écris le bon mot sous chaque dessin : *vélo, vélos, tasses, tasse.*

Entoure la lettre à la fin des mots quand il y a plusieurs objets.

5 Observe la fin des mots. **Complète** avec : *un, une, des.*

____ *tulipe* ____ *pirates* ____ *épine*

____ *tulipes* ____ *pirate* ____ *épines*

6 Écris ce que tu vois. N'oublie pas le s si nécessaire.

Les monstres du lac Noir

Écoute le premier épisode de l'histoire.

Christian Lamblin • Jean-Noël Rochut

Les monstres du lac Noir

→ Un Monde à Lire

Nathan

Kimamila

Alorie

Manu

Petitou

le papa de Manu
et d'Alorie

la maman de Manu
et d'Alorie

Tu liras aussi l'histoire
du *Roi aux pieds sales.*

change...

L'eau dans tous ses états

Regarde cette image. **Décris** ce que tu vois.

la neige

une montagne

un glacier

un lac

un bloc de glace

Des sons et des lettres

 O

Trouve dans l'image des mots où tu entends O.

une moto
une photo
un vélo

une porte
une sortie
une pomme

1 **Entoure** l'image si tu entends O.

2 **Coche** les cases où tu entends O.

3 **Entoure** toutes les écritures de la lettre o.

o   u   c   o   o   ou   o   ou   o   o   ou   c   n   c

Alorie   nourriture   **énorme**   oreiller   vous   pomme

o

Observe et **lis.**

to →	une **to**mate – une mo**to**	une s**o**mme	une p**o**mme
ro →	un **rô**le – le sir**o**p	une pel**o**te	une échal**o**te
mo →	un **mo**t – une **mo**to	un **o**s	la p**o**ste
po →	un **po**t – le re**po**s	il s**o**rt	une s**o**rtie
lo →	un matel**o**t – un sty**lo**	il p**o**rte	une p**o**rte
tro →	**tro**p – le mé**tro**	il tr**o**tte	il est pr**o**pre

- Manu mange des tomates et des pommes.
- Alorie ouvre la porte.

Le mécano des lettres

> tro – tor – pro – por
> to – mo – lo – ro
> sor – mor – lor
> plo – pol

4 **Écris** o ou bien ou.

des m_____stiques

du ch_c_lat

une r____te

5 **Recompose** les mots et **écris**-les.

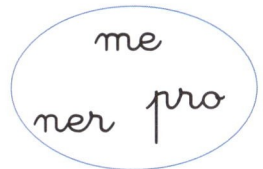

me
ner pro

ter
pos

ro
nu ter
mé

_____   _____   _____

6 **Relie** chaque mot au bon dessin.

une porte   il porte   il poste   une poste

7 **Écris** la dictée sur ton cahier du jour.

unité 4

Épisode 2

Première nuit

Lis le texte.

Manu n'est pas rassuré. Petitou est sorti.

Manu part le retrouver dans la nuit.

Petitou se trouve près du lac. Manu l'attrape

mais Petitou remue.

Kimamila arrive. Il est venu **pour** rassurer Manu.

Le petit garçon regarde le lac.

Une énorme forme passe **au-dessus** de sa tête.

Elle va le dévorer, c'est sûr...

un lac   la nuit

La boîte à outils

pour – au-dessus

---

1 **Entoure** les mots identiques au modèle.

| lac | lard | lac | lors | lui | lac | long | loup | lac | loi |

| nuit | non | nom | nuit | nul | mur | nous | nuit | nord |

2 **Coche** les phrases qui correspondent à l'histoire.

☐ Manu est sorti retrouver Petitou.

☐ Petitou et Manu sont rassurés près du lac.

☐ Kimamila arrive pour rassurer Manu.

☐ Manu a vu un tout petit animal près du lac.

3 Qui est : le ? **Relie** chaque phrase au bon dessin.

Manu part le retrouver dans la nuit. •

L'énorme forme va le dévorer, c'est sûr... •

4 **Numérote** les mots dans le bon ordre.
Écris la phrase.

Manu.	Kimamila	est venu	rassurer	pour

5 **Complète** chaque phrase avec *mais* ou *pour*.

Manu n'est pas rassuré _____ il part retrouver Petitou.

Kimamila arrive _____ rassurer Manu.

Léa mange des tomates _____ pas de salade.

Théo arrive vite à l'école _____ retrouver ses amis.

6 **Écris** une nouvelle phrase avec : *pour* ou *mais*.

_____

7 **Dis** ce que tu vois sur chaque dessin. Puis **relie** chaque mot au bon dessin.

sorcière   ballon   pie

8 **Relie** chaque nom à son étiquette.

poule •   • marmite
râteau •   • vélo
          une personne
mamie •   • dragon
          un animal
ballon •   • loup
photo •   **un objet**   • dame
pie •   • sorcière

103

Sous quelle forme trouve-t-on l'eau ?

1 **Observe** ces deux photos. Que **vois**-tu ? Où **vois**-tu de l'eau ?

2 **Lis** ce que disent les élèves d'une classe de CP.

« Le glaçon, c'est de l'eau. »

« L'eau, ça coule ! Le glaçon n'est donc pas de l'eau ! »

Et toi, penses-tu que la glace est de l'eau ?

Explique comment faire pour savoir qui a raison.

3 **Observe** ces photos d'un glaçon sorti du congélateur. **Décris** ce que tu observes.

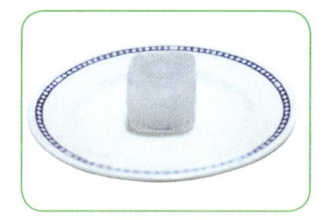   

Précise comment, à ton avis, a été obtenu le glaçon.

L'eau peut changer d'**état**. L'*eau* existe à l'état *solide* et à l'état *liquide*.

Un glaçon, c'est de l'_____ à l'état _____ .

À quelle condition l'eau devient-elle de la glace ?

1 **Observe** ces verres :

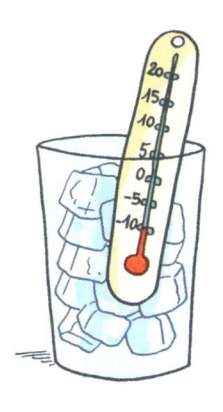 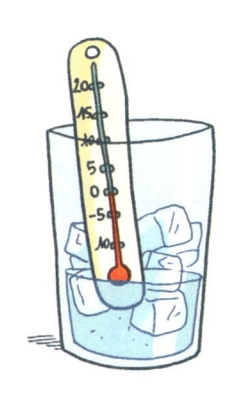 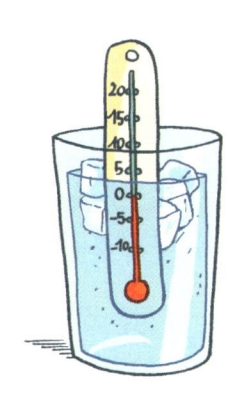 

Qu'indiquent les thermomètres ? Que **remarques**-tu ?

2 Les élèves d'une école veulent faire des glaçons. Ils placent de l'eau :

dans le congélateur (– 18 °C) | dans le frigo (+ 5 °C) | sur le bord de la fenêtre en hiver (– 4 °C)

Auront-ils tous des glaçons ?

Écris *eau* ou *glace* sous les images selon ce qu'ils peuvent obtenir.

> L'eau se transforme en _____ si la **température** est inférieure ou égale à 0 °C.
>
> Au-dessus de _____, l'eau est à l'état liquide.

Des sons et des lettres

Observe les différences.

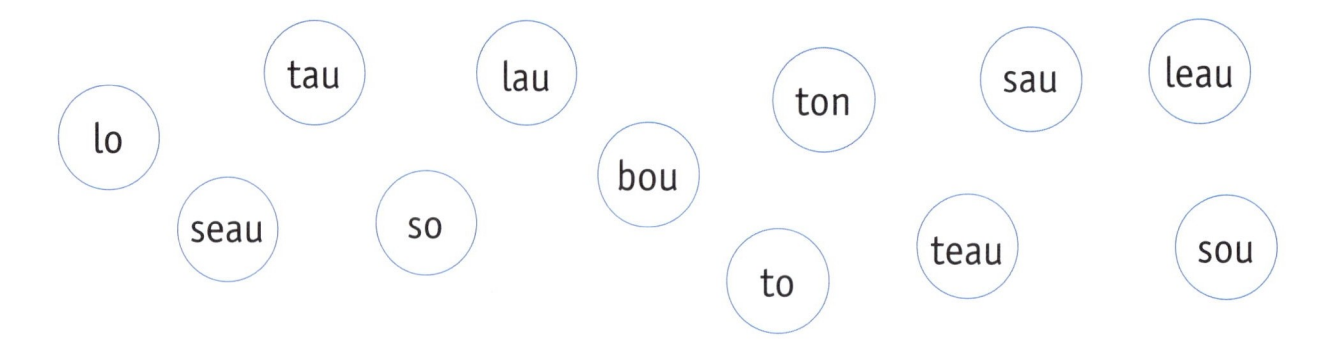

o · o
une photo

au · au
une chaussure

eau · eau
un cadeau

un lavab**o**

une **au**to

un cad**eau**

---

1 **Colorie** de la même couleur toutes les bulles qui se prononcent de la même façon.

tau   lau   ton   sau   leau

lo

bou

seau   so   teau   sou

to

---

2 **Entoure** tous les **o**, **au**, **eau** dans les mots.

bateau   manteau   tomate   épaule

moto   chevaux   dos   polo   peau

---

3 **Recompose** les mots et **écris**-les.

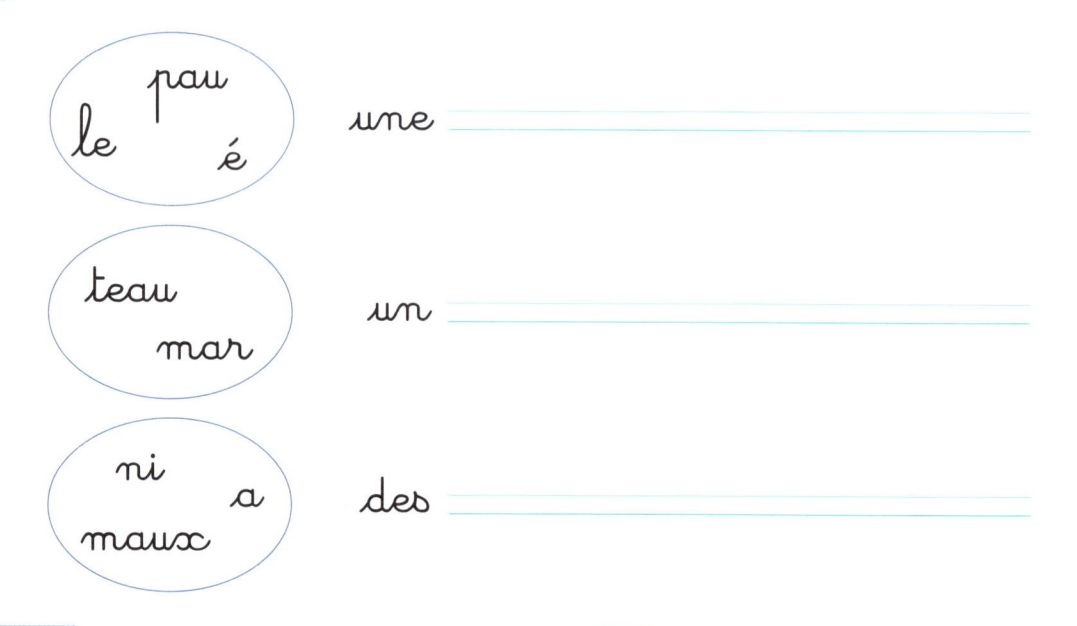

le · pau · é   une _____

teau · mar   un _____

ni · a · maux   des _____

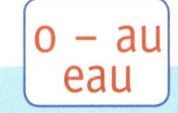

Observe et **lis**.

o	au	eau
une m**o**t**o**	une ép**au**le	un rât**eau**
une t**o**mate	une t**au**pe	un v**eau**
un matel**o**t	un s**au**t – il s**au**te	la p**eau**
un p**o**teau	un pré**au**	un pot**eau**
un vél**o**	des anim**au**x	un pann**eau**
un p**o**l**o**	il est p**au**vre	un mart**eau**
il tr**o**ttine	il se s**au**ve	un s**eau**

- L'auto roule vite puis s'arrête.
- Alorie sort de l'auto.

Le mécano des lettres

> pau – pou
> sau – sou
> pro – prou
> tro – trou

4 **Écris** les mots suivants dans la bonne colonne et **ajoute** un ou une.

moto   râteau   auto   taupe   tomate   épaule   peau

o	au	eau

5 **Complète** comme le modèle.

un hôpital ⟶ *des hôpitaux*

un cheval ⟶ *des* _____

un animal ⟶ *des* _____

Relie le bon mot à l'image.

6 **Écris** la dictée sur ton cahier du jour.

Le serpent

Lis le texte.

Manu regarde les photos dans le restaurant.
Il ne voit pas de monstre sur les photos.
Il est **très** étonné.
La nuit venue, il retrouve Kimamila avec Alorie.
Elle **aussi** a envie de voir le monstre.
Les amis survolent le lac. **Aussitôt**, ils découvrent
un énorme serpent sur l'eau. Kimamila murmure :
– Ne vous approchez pas et retournez à la maison...

un restaurant

un monstre

un serpent

La boîte à outils

pour – au-dessus – **très** – **aussi** – **aussitôt**

1 **Entoure** les mots identiques au modèle.

monstre   moitié   monter   monstre   montage   montre   monstre   monteur

serpent   serpolet   sergent   serpent   surpris   serpent   soupière   dessin

2 **Entoure** les mots qui correspondent à l'histoire.

● Au restaurant, Manu regarde
    le lac.
    les photos.

    ● La nuit venue, Alorie retrouve
    son papa.
    Kimamila.

● Les amis découvrent
    un énorme serpent.
    Petitou près du lac.

3 **Complète** les phrases avec les mots : *Il, Ils.*

_____ ne voit pas de monstre sur les photos.

_____ découvrent un énorme serpent sur l'eau.

_____ sont très surpris.

4 **Numérote** les mots dans le bon ordre. **Écris** la phrase.

| restaurant. | Manu | dans | le | les | photos | regarde |

_____

5 **Complète** les phrases avec les mots : dans ou sur.

Manu regarde des photos _____ un livre.

Manu regarde un énorme serpent _____ une photo.

Manu retrouve son polo _____ son vélo.

Manu retrouve son stylo _____ sa trousse.

6 **Écris** une nouvelle phrase avec : dans ou sur.

_____

7 **Relie** chaque mot au bon dessin.

il   ils   elle   elles

8 **Complète** les phrases avec les mots : il, ils, elle, elles.

Ton nouveau livre est arrivé, ____ est sur ton lit.

Les chaussures sont réparées, ____ sont près de la porte.

La souris est petite, ____ passe dans un trou du mur.

Les vélos sont sous le préau, ____ sont propres.

Qu'est-ce qu'une année ?

Regarde ce dessin. Que représente-t-il ?

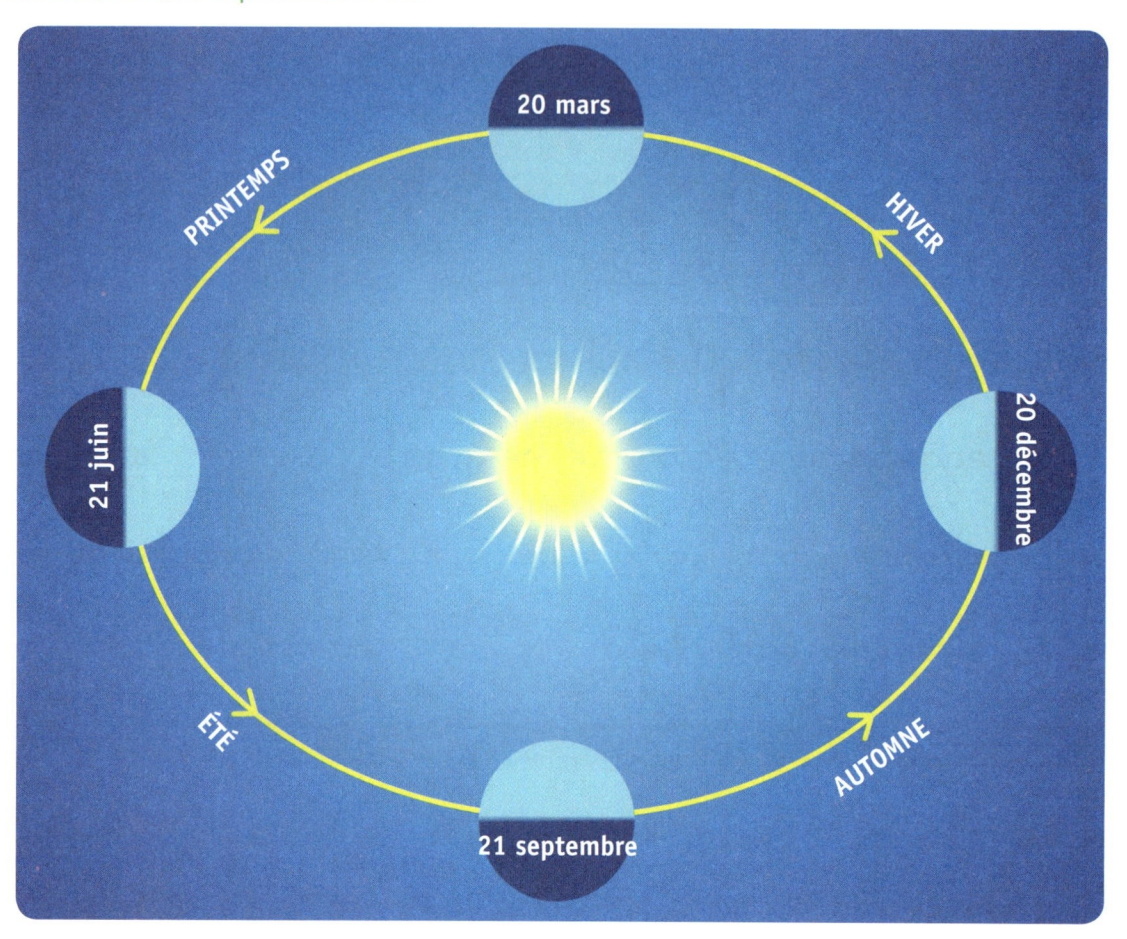

Quel mois sommes-nous ?

Quel mois commence l'année ? Quel mois finit l'année ?

Colorie sur la bande des mois : en jaune le mois qui marque le début du printemps, en vert le mois du début de l'été, en orange le mois du début de l'automne et en gris le mois du début de l'hiver.

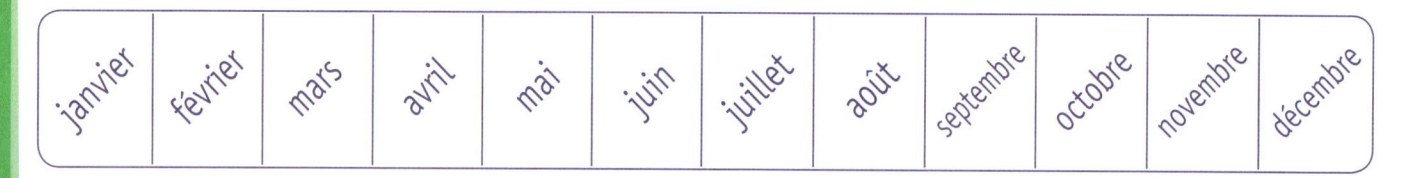

janvier	février	mars	avril	mai	juin	juillet	août	septembre	octobre	novembre	décembre

Combien de mois dure chaque saison ?

La Terre tourne autour du Soleil en une année.

Une année dure _____ mois.

Les mois durent 30 ou 31 jours (sauf le mois de février qui dure 28 ou 29 jours).

Les _____ saisons durent chacune _____ mois.

Bonne année !

Bonne année à toutes les choses :
au monde, à la mer, aux forêts,
Bonne année à toutes les roses
que l'hiver prépare en secret.

Bonne année à tous ceux qui m'aiment
et qui m'entendent ici-bas,
et bonne année aussi quand même
à tous ceux qui ne m'aiment pas.

Rosemonde Gérard, DR.

Ronde des mois

Janvier est né
La bonne année.
Février vente
Notre feu chante.
Mars voici
Qui pleure et rit.
Avril est là
En chocolat.
Mai joli mai
Tout nous promet.
Que vienne juin
Rhume des foins.
Juillet brûlant
Sur mon chaland.

Joli mois d'août
Des fruits partout.
Septembre avance
Plus de vacances.
Octobre mouille
La feuille rouille.
Novembre vient
Quel temps de chien.
Décembre sonne
La nuit frissonne.
Il est minuit
L'année s'enfuit.

DR

Épisode 4

Des sons et des lettres

d

Trouve dans l'image des mots où tu entends d.

d D   d D D

une dame

une dame
une salade

⚠ un renard

---

1 **Entoure** l'image si tu entends d.

    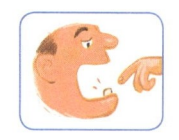

---

2 **Coche** les cases où tu entends d.

 ☐☐    ☐☐☐☐    ☐☐☐☐

 ☐☐    ☐☐   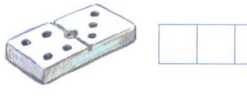 ☐☐☐

---

3 **Entoure** toutes les écritures de la lettre d.

d b d t d D B p q d p b P d p

mardi   répondre   odeur   promenade   bonbon   malade

d

Observe et **lis**.

da ⟶ une **da**me – une **da**te – un sol**da**t

do ⟶ un **do**s – un **do**mino – a**do**rer

du ⟶ une **du**rée – il a mor**du** – c'est **du**r

dé ⟶ **dé**raper – un **dé**part – re**dé**marrer

de ⟶ une pomma**de** – un mala**de** – une sala**de**

dre ⟶ une pou**dre** – mor**dre** – mou**dre**

● Alorie dort dans l'auto.
● La date de mardi a été retenue
  pour la sortie.

Le mécano des lettres

addi – atti	édi – éti
dra – ra	dru – ru
dri – ri	dro – ro
dar – da	dur – du
dir – di	dor – do

4 **Recompose** les mots. **Écris**-les.

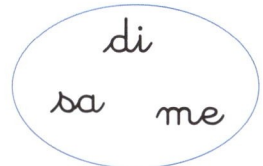
di
sa   me

na   de
me   pro

deau
ri

un _____   une _____   un _____

5 **Écris** les mots. **Aide**-toi des syllabes : no, sa, de, da, mi, la, me, do.

un _____   une _____   une _____

6 **Écris** d ou t.

un ca __ re

un pé __ ale

qua __ re   4

une pé __ ale

7 **Écris** la dictée sur ton cahier du jour.

La fête

une fête

une famille

Tout à coup, le papa dit : « Oh ! Regardez le port ! »
Toute la famille dévale **vers** le port.
Il y a des monstres partout... Ils ont été réalisés pour la fête.
Papa et maman ont réussi **leur** surprise. Ils sont ravis.
Manu et Alorie sont rassurés. Il n'y a pas de véritables monstres
sur le lac. Ils regardent Kimamila **qui** sourit. Vive la fête !

La boîte à outils

pour – au-dessus – très – aussi – aussitôt –
tout à coup – vers – leur – qui

1 **Entoure** les mots identiques au modèle.

| fête | fade | fève | fils | fête | futé | fête | four | fruit | fête |

| famille | famille | femelle | famille | fourmi | fouille | famille | facile |

2 **Coche** les phrases qui correspondent à l'histoire.

☐ Papa et maman ont réussi leur surprise.

☐ Toute la famille arrive près du restaurant.

☐ Manu et Alorie ont vu Kimamila à la fête.

3 **Coche** la phrase identique à celle de l'histoire.

☐ Il n'y a pas de monstres sur le lac.

☐ Il n'y a pas d'énormes monstres sur le lac.

☐ Il n'y a pas de véritables monstres sur le lac.

4 **Numérote** les mots dans le bon ordre. **Écris** la phrase.

| monstres | Il y a | des | partout | ville. | la | dans |

5 **Entoure** dans chaque phrase Il y a ou Il n'y a pas.

Il n'y a pas d'énorme serpent sur l'eau.

Il y a Kimamila sur un monstre.

Il n'y a pas de monstres sur le lac.

6 **Écris** une nouvelle phrase avec : Il y a.

7 **Entoure** les mots devant les noms.

une salade   un soldat   la maison   le vélo

Cherche d'autres mots que tu pourrais mettre devant un nom.

8 **Recopie** les noms dans les bonnes colonnes : un taureau, une porte, un stylo, une malade, un domino, une tortue, une fille.

personne	animal	chose

9 **Complète** chaque nom avec un petit mot.

_____ moto   _____ marteau   _____ livre

_____ numéro   _____ porte   _____ sortie

L'art de représenter la fête

Ces deux tableaux évoquent une fête célébrée chaque année, dans beaucoup de pays du monde.

Regarde-les bien et **devine** le nom de cette fête.

Scène de Carnaval, Giandomenico Tiepolo, 1753.

Le Carnaval d'Arlequin, Joan Miró, 1925.

Des masques, des déguisements et des divertissements : c'est le **Carnaval** !

Comment bien manger
pour être en bonne santé ?

1 **Entoure** ce qui est sucré en bleu.
Entoure ce qui est salé en rouge.

2 **Observe** ces deux dessins. Que **choisirais**-tu comme repas. Pourquoi ?

Et toi, que manges-tu au petit déjeuner ? Au goûter ?
Est-ce équilibré ?

Manger est nécessaire. C'est aussi un plaisir.

Pour rester en bonne _____, il faut manger une nourriture

ni trop salée, ni trop _____, ni trop grasse.

Des sons et des lettres

Trouve dans l'image des mots où tu entends **an**.

une d**an**se
le v**en**t
elle d**an**se

⚠️

ils parl**en**t
elles dans**en**t

an   *an*

une d*an*se

en   *en*

*le v*en*t*

1   **Entoure** l'image si tu entends **an**.

 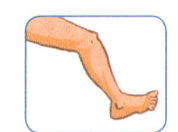    

2   **Coche** les cases où tu entends **an**.

3   **Entoure** en vert toutes les écritures de **an** et en bleu toutes celles de **en**.

au   *an*   an   on   en   ne   an   me   **ou**   en   na   ne   **en**

un parent   un dimanche   **une demande**   *encore*

Observe et **lis**.

an ⟶ un **an** – une **an**tilope en ⟶ un **en**fant – une **en**veloppe

lan ⟶ un é**lan** – un vo**lan**t **pen** ⟶ une **pen**te – une **pen**dule

tan ⟶ une **tan**te – en racon**tan**t **ten** ⟶ une **ten**te – **ten**dre

dan ⟶ une **dan**se – **dan**s **den** ⟶ une **den**t – un **den**tiste

van ⟶ un sa**van**t – a**van**t **ven** ⟶ **ven**dredi – **ven**dre

am ⟶ une **am**poule **em** ⟶ **em**porter

ram ⟶ une **ram**pe **rem** ⟶ **rem**plir

lam ⟶ une **lam**pe **tem** ⟶ la **tem**pérature – le **tem**ps

- Ivan prend sa mandoline.
- Maman demande où est le restaurant.

Le mécano des lettres

anta – anti
ento – endo – enro
empa – empo – empi

4 **Recompose** les mots et **écris**-les.

man
che di

da man
ne ri

di ven
dre

_____   une _____   _____

5 **Entoure** la lettre qui suit **em** ou **am**.

une ampoule – la température – une tempête – un tampon – une rampe

6 **Complète** les phrases avec *tante* ou *tente*.

Manu a dormi sous la _____.

Ma _____ a apporté des tulipes.

Complète les mots avec *en* ou *a*.

une d_ _t

une d_ _te `2 mars`

7 **Écris** la dictée sur ton cahier du jour.

Les monstres du lac Noir

1 **Numérote** les images dans l'ordre de l'histoire.

◯ ◯ ◯

◯ ◯ ◯

2 **Écris** une phrase qui explique l'image 4. **Aide-toi** des étiquettes.

| voit | les | photos | monstre |

ch

Observe et lis.

cha	**che**	**chau**	**chu**
un **cha**t	une **che**minée	une **chau**ssure	**chu**t
un **cha**meau	un **che**val	il se **chau**sse	une **chu**te
un **châ**teau	une pelu**che**	c'est **chau**d	**chu**choter

- Manu marche rapidement.
- Charlotte s'approche.

Le mécano des lettres

cha – chi – chu – chou
échi – écha – échou
pacha – pachi

4 Écris *cha, che, ché, chau.*

un _____ meau    un _____ val

un mar _____    une _____ ssure

5 **Entoure** les bonnes syllabes pour compléter les mots et **écris**-les.

une che / se minée   pou cher / sser   une ma si / chi ne

_____   _____   _____

6 **Relie** chaque mot au bon dessin.

une mouche   de la mousse   une tasse   une tache

•   •   •   •

•   •   •   •

7 **Écris** la dictée sur ton cahier du jour.

Le roi aux pieds sales

Lis le texte.

Un roi qui ne se lave **jamais** arrive
dans une petite ville.
Une petite fille s'approche et lui donne
un collier de fleurs.
– Pouah ! Tu sens mauvais, dit-elle.
– Petite idiote, il est notre roi, dit sa maman.
– Le roi sent très mauvais, répond la petite fille.
Puis elle demande au roi :
– Tu ne te laves jamais ?
– **Pourquoi** se laver ? **Est-ce que** tu te laves
souvent ? demande le roi.

un roi

un collier
de fleurs

La boîte à outils

pour – au-dessus – très – aussi – aussitôt – tout à coup – vers –
leur – qui – **jamais** – **pourquoi** – **est-ce que** – **souvent**

1 **Relie** les mots identiques. **Recopie**-les.

une ville •

• un collier •

• un roi

un collier •

• *un roi* •

• *une ville*

2 **Coche** la bonne réponse.

Où arrive le roi ?

☐ dans un petit château

☐ dans une petite ville

☐ dans une petite école

Que donne la petite fille au roi ?

☐ des fleurs

☐ une photo

☐ un collier de fleurs

3 **Complète** les phrases avec les mots : *jamais, très, souvent.*

Le roi ne se lave _____ .

Tu te laves _____ .

Le roi sent _____ *mauvais.*

4 **Numérote** les mots dans le bon ordre. **Écris** la phrase.

| tu | Est-ce que | laves | te | souvent ? |

---

5 **Complète** chaque question avec Est-ce que ou Est-ce qu'.

_____ le roi se lave souvent ?

_____ il sent très mauvais ?

_____ la tomate est mûre ?

_____ elle a été lavée ?

6 **Écris** une nouvelle phrase avec : Est-ce que.

_____

7 **Essaie** de dessiner les mots suivants.

maison

attraper

Quel mot as-tu dessiné sans te poser de question ?
Quel mot a besoin de précision ?

8 **Entoure** les mots devant les noms.

une danse   le roi   la pendule

Entoure les mots devant les verbes.

il arrive   elle donne   elle prend

9 **Classe** ces mots en deux colonnes.

marteau – trouve – parle – tulipe – salade – emporte

noms   verbes

_____   _____

_____   _____

Pourquoi est-il nécessaire de se laver ?

1 Avec quoi se lave-t-on ? **Entoure** les objets que tu utilises pour te laver.

2 Pourquoi cet enfant se lave-t-il les mains ? Et toi, quand te laves-tu les mains ? Et les dents ?

Se laver est un plaisir et une nécessité pour être en bonne santé !

C'est aussi agréable pour les autres.

L'eau rince mais ne lave pas. Il faut utiliser du _____

pour enlever les traces de saleté, de sueur, de gras.

La lettre h

Observe et lis.

ha → une **ha**lle – une **ha**rpe

hu → il **hu**rle – le r**hu**me

ho → un **ho**mard – un **hô**pital

hi → un **hi**ppopotame – se **hi**sser

hé → un **hé**ros – **hé**riter

th → du **th**é – un **th**éâtre

- Mathéo a vu un homme attraper un cheval.
- Théo a mal. Sa maman est allée à l'hôpital avec lui.

1 **Entoure** toutes les écritures de la lettre **h**.

h   u   n   **h**   H   U   h   v   *h*   u   ou   *h*   h   f   h

hiver   *heure*   *chose*   photo   **thé**   cracher

2 **Recopie** les mots dans la bonne colonne.

chameau – haute – hacher – poche – homme – se moucher

ch	h

3 **Recompose** les mots et **écris**-les.

mard *ho*   *hô* *tal* *pi*   *â* *thé* *tre*

un _____   un _____   un _____

Crédits photographiques

U1 : p. 5 : Sébastien Cheritat. **p. 14 : hg,** Turnley / Corbis ; **hm,** Nicolas Tavernier / RÉA ; **hd,** J. Jaffre / Hoa-Qui ; **m,** P. Crapet / Stone / Getty Images ; **bg,** C. Boisseaux – Chical / Lavie – RÉA ; **bm,** A. Wright / Corbis ; **bd,** D. Turneley / Corbis. **p. 15 : hg,** Picsfive / Shutterstock ; **hmg,** Dmitry Rukhlenko / Shutterstock ; **hmd,** Podfoto / Shutterstock ; **hd,** Taesmileland / Shutterstock ; **bg,** Nimbus / Fotolia ; **bmg,** Simon Coste / Fotolia ; **bmd,** Kayros Studio « Be Happy ! » / Shutterstock ; **b,** Jeff Gynane / Shutterstock. **p. 19 : g,** Jackelin / Slack / AGEFOTOSTOCK / Hoa-Qui ; **d,** Morales / AGEFOTOSTOCK / Hoa-Qui. **p. 24 : hg,** Maksim Masalski / Fotolia ; **hm,** ExQuisine / Fotolia ; **hd,** Cptsai / Shutterstock ; **mg,** Karol Zielinski / Fotolia ; **mm,** Eliferen / Fotolia ; **md,** Éric Isselée / Shutterstock ; **bg,** Adisa / Fotolia ; **bm,** Yuri Arcurs / Fotolia ; *La petite danseuse de quatorze ans,* Archives Larbor. **p. 28 : hg,** Alexandre Zveiger / Fotolia ; **hm,** Condor 36 / Shutterstock ; **hd,** Wavebreakmedia ltd / Shutterstock ; **mg,** William Casey / Shutterstock ; **mm,** Angela Hawkey / Shutterstock ; **md,** Thomas Peter Voss / Shutterstock ; **bg,** Lucian Coman / Shutterstock ; **bm,** Studio 10ne / Shutterstock ; **bd,** Barnaby chambers / Shutterstock. **p. 29 : g,** Yuri Arcurs / Fotolia ; *Molière dans le costume de son temps,* Archives Larbor ; **md,** Archives SEJER ; **d,** Androfoll / Shutterstock. **p. 33 : hg,** Succession Picasso 2012 ; **hd,** Coll. Archives SEJER ; **bg,** G. Dagli Orti / The Picture Desk ; **bd,** 2012 Andy Warhol Foundation for the Visual Arts. **U2 : p. 37 :** Jeanbor Archives Larbor. **p. 42 : 1,** Werner Otto – AGE ; **2,** Getty Images / Roine Magnusson-Stone ; **3,** Laurent Tarnaud / Jacana ; **4,** Getty Images / Alan Kearney – Taxi ; **5,** Getty Images / Cosmo condina – Stone ; **6,** Photodisc. **p. 49 : g,** Georgette Douwna / SPL / Biosphoto ; **mg,** BESTWEB / Shutterstock ; **md,** NouN / Biosphoto ; **d,** Dmitriy Nesmelov / Fotolia. **p. 54 : hg,** Electa / akg-images ; **hd,** Selva / Leemage ; **bg,** Photo Josse / Leemage ; **bd,** Costa / Leemage. **p. 55 :** Getty Images / Frank Cezus – Taxi. **p. 59 : g,** Dean Mitchell / Shutterstock ; **mg,** Song Heming / Shutterstock ; **m,** Wim Claes / Shutterstock ; **md,** V. Borisov / Shutterstock ; **d,** Vinicius Tupinamba / Shutterstock. **p. 65 : hg,** Christophe Suarez / Biosphoto ; **hd,** ID1974 / Shutterstock ; **m,** Sergieiev / Shutterstock ; **b,** cdrcom / Fotolia. **U3 : p. 67 :** Owen Franken / Corbis. **p. 72 :** Aymeric Guillonneau. **P 73 :** NASA. **P 75 : hg,** Georges Dolgikh / Fotolia ; **hm,** Kayros Studio / Fotolia ; **hd,** slon1971 / Shutterstock ; **mg,** Petr Malyshev / Shutterstock ; **mm,** Istvan Csak / Shutterstock ; **md,** Ely Solano / Shutterstock ; **bg,** Artkot / Shutterstock ; **bm,** Dmitry Rukhlenko / Shutterstock ; **bd,** Magone / Shutterstock. **p. 80 :** Thibault Costet. **p. 86 : hg,** IGDA / Planeta ; **hd,** BIS / Ph. Hubert Josse / Archives Bordas ; **b,** BIS / Ph. H. Josse / Archives Larousse. **p. 91 : h et b,** Thibault Costet ; **m,** Aymeric Guillonneau. **U4 : p. 99 :** Pwollinga / Fotolia. **p. 104 : hg,** Mytho / Fotolia ; **hd,** EF-EL / Fotolia ; **b,** Aymeric Guillonneau. **p. 111 : h,** DR ; **m,** Jacques Loic / Photononstop ; **b,** Jeanbor Archives Larbor. **p. 116 : h,** Archives Larbor ; **b,** Succession Miró – Adagp.

Illustrateurs

Unité 1 (p. 4 à p. 35) :
Illustration en rapport avec l'histoire de Kimamila le lutin : **Jean-Noël Rochut.**
Autres illustrations : **Patrick Gromy** et pour la **p. 29 : David Cathelin.**

Unité 2 (p. 36 à p. 65) :
Illustrations en rapport avec l'histoire de L'arbre des secrets : **Mathilde Lebeau.**
Illustrations du Petit Chaperon rouge **p. 60, 62 : Marie-Élise Masson.**
Autres illustrations : **Patrick Gromy** et pour la **p. 59 : David Cathelin.**

Unité 3 (p. 67 à p. 97) :
Illustrations en rapport avec l'histoire de L'anniversaire de Nina et **p. 87 : Élodie Balandras.**
Illustrations en rapport avec l'histoire du Vilain Petit Canard **p. 92, 94, 95, 96 : Marie-Élise Masson.**
Autres illustrations : **Patrick Gromy** et pour la **p. 81 : David Cathelin.**

Unité 4 (p. 98 à p. 127) :
Illustrations en rapport avec l'histoire des monstres du lac Noir : **Jean-Noël Rochut.**
Illustrations en rapport avec l'histoire du roi aux pieds sales **p. 122, 124 : Olivier Deloye.**
Autres illustrations : **Patrick Gromy** et pour les **p. 105, 117, 121, 126 : David Cathelin.**

Générique de l'ouvrage

Conception graphique : **Isabelle Vaudescal, Domitille Pasquesoone**

Mise en pages : **MÉDIAMAX**

Couverture : **iow 2.10, Domitille Pasquesoone**

Iconographie : **Laurence Vacher**

Coordination éditoriale : **Laurence Michaux**

Édition : **Pascale Costet**

N° d'éditeur : 10178912 – Dépôt légal : janvier 2012
Imprimé en Espagne par Dedalo Offset à Madrid